Spiel & Spaß

Puppen Theater

von Denny Robson
und Vanessa Bailey

übersetzt von Annette Kolb

BASSERMANN

INHALT

In der gleichen Reihe sind außerdem erschienen:
„Kartentricks“ (Nr. 0063)
„Zaubertricks“ (Nr. 0064)
„Schattentheater“ (Nr. 0065)

Die Deutsche Bibliothek – CIP-Einheitsaufnahme

Puppentheater / von Denny Robson und Vanessa Bailey.
Übers. von Annette Kolb. – Niedernhausen/Ts. : Bassermann, 1991
(Bassermann Ratgeber) (Spiel und Spass)
ISBN 3-8094-0062-9

ISBN 3 8094 0062 9

An NW Book

Titelbild und Fotos: Roger Vlitos
Grafische Gestaltung: David West, Children's Book Design
Übersetzung: Annette Kolb, Mannheim

Gesamtkonzeption: Falken-Verlag GmbH, D-6272 Niedernhausen/Ts.

817 2635 4453 6271

Vorwort

Theaterpuppen gibt es schon seit langer Zeit: Angefangen von den alten Chinesen bis hin zu den Römern haben die Menschen sie benutzt, um sich zu unterhalten und Geschichten damit zu erzählen.

In diesem Buch wird gezeigt, wie man verschiedene Arten von Theaterpuppen herstellt und gebraucht. Es gibt ganz einfache Puppen aus Handschuhen und Socken, wie Fred Finsterling und Sebastian Schlange, aber auch kompliziertere Stockpuppen, wie unser bienengeplagter Orchesterdirigent, oder die Marionettenfiguren.

Die meisten der hier vorgestellten Figuren sind Theaterpuppen – sie können zum Leben erweckt und für Puppenspiele verwendet werden. Beim Weiterlesen wirst du herausfinden, wie man ein Puppentheater bastelt und eine Vorstellung gibt. Mit etwas Phantasie, Bastelresten und vielleicht ein oder zwei Helfern kannst du sowohl Puppenspieler als auch Puppenhersteller werden.

Hier siehst du einige Materialien, die wir in diesem Buch verwendet haben. Sicherlich wirst du vieles davon zu Hause finden, zum Beispiel alte Socken oder Handschuhe, Wollreste und Rundholzstäbe. Die übrigen Materialien kannst du billig kaufen.

Du solltest zuerst eine Sammlung von allem möglichen Krimskrams anlegen, den du für die Herstellung der verschiedenen Puppenarten brauchen kannst. Mit etwas Übung wird es dir nicht schwerfallen, bald deine eigenen Theaterpuppen zu entwerfen

Tanzender Kavalier

Der tanzende Kavalier ist eher ein Spielzeug und eignet sich weniger für das Puppentheater. Du kannst ihn für dich selbst basteln oder ihn an einen Freund verschenken. Wenn du die Technik des tanzenden Kavaliers beherrschst, kannst du nach dem selben Prinzip auch andere Spielzeugpuppen basteln, zum Beispiel eine Ballerina oder einen Clown. Für die Umrisse paust du entweder die Schablone auf Seite 32 durch oder machst dir eine eigene.

Du brauchst Schere, Bleistift, Seiden- oder Pergamentpapier zum Durchpausen, Pappe, Bindfaden, 4 Briefklammern, Klebeband oder guten Klebstoff, Farben oder Filzstifte zum Bemalen.

So tanzt der Kavalier
Den Bindfaden ober- oder unterhalb des Kavaliers festhalten. Leicht ziehen und wieder loslassen, so daß die Arme und Beine nach innen und außen schwingen

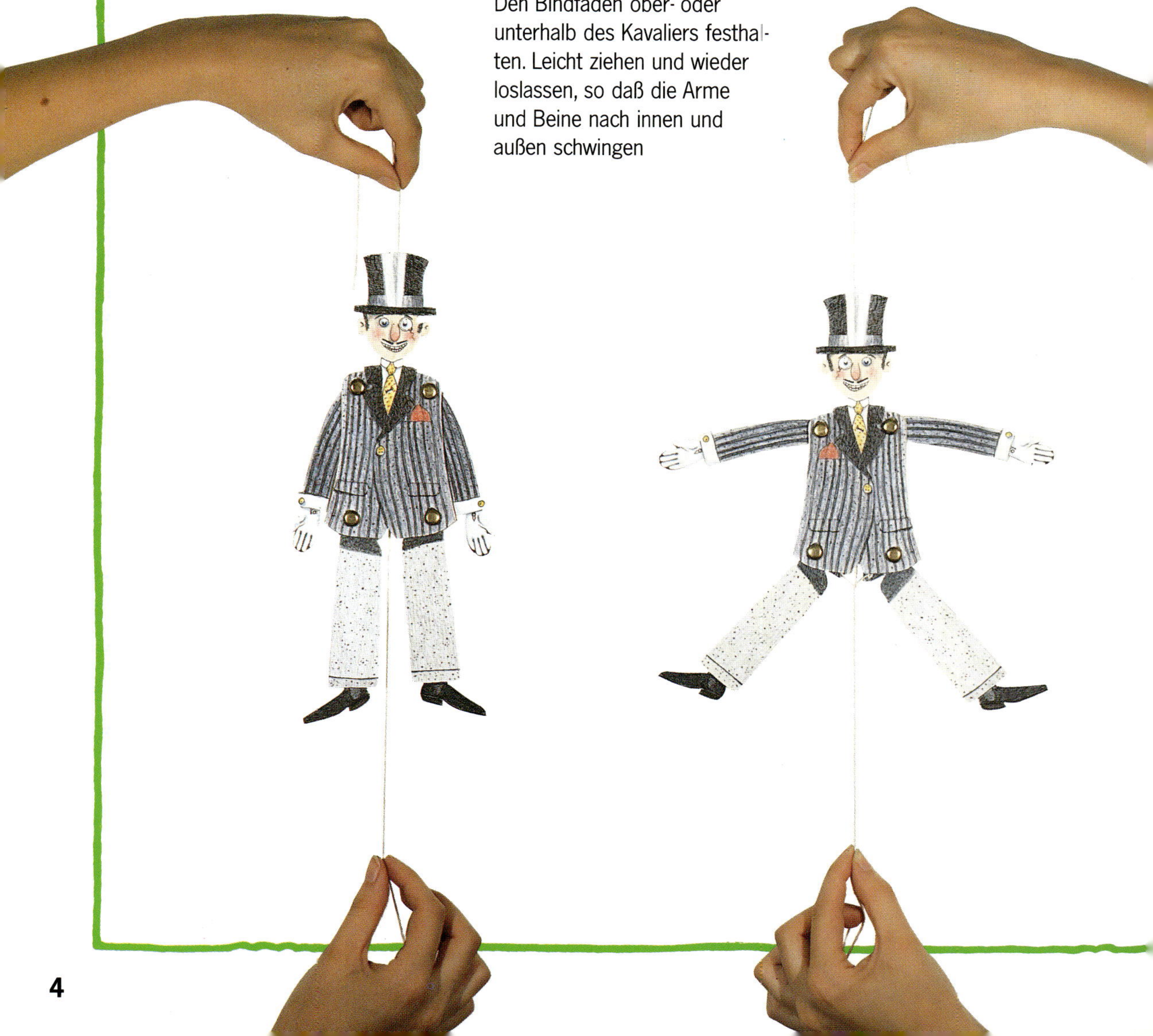

1 Die Umrisse der Schablone durchpausen, ausschneiden, auf dünne Pappe legen, mit Bleistift umfahren und vorsichtig ausschneiden. Danach bemalen und wie abgebildet Löcher für den Bindfaden und die Klammern machen

1

2 Den Kavalier an den großen Löchern mit Briefklammern zusammensetzen; dabei aufpassen, daß sich Arme und Beine frei bewegen können

2

3 Jeweils einen dünnen Faden durch die kleinen Löcher der Arme und der Beine ziehen und sie so miteinander verbinden

3

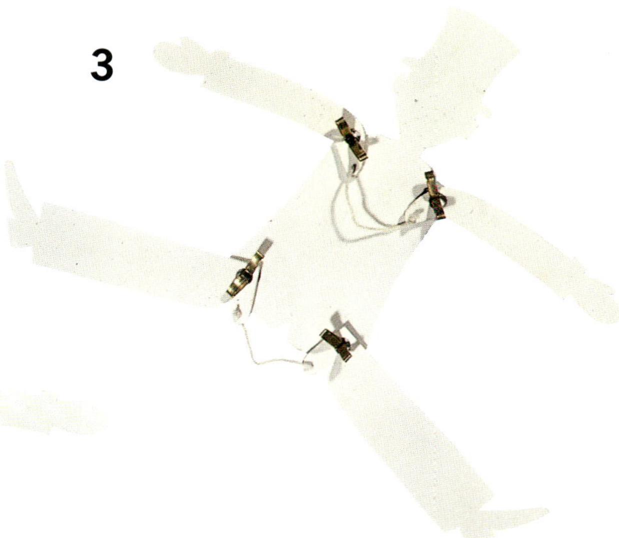

4

4 Einen Faden am Kopf befestigen. Bei ausgestreckten Armen und Beinen einen anderen Faden an den Arm- und den Beinverbindungsfaden knoten, der dann Arme und Beine miteinander verbindet

Schaukelnder Affe

Wie der tanzende Kavalier ist auch der schaukelnde Affe in erster Linie ein Spielzeug. Er ist ziemlich einfach herzustellen, seine akrobatischen Künste sind jedoch beeindruckend. Für die Umrisse kannst du die Schablone auf Seite 32 abpausen. Wenn du einen eigenen Affen entwirfst, dann vergiß nicht, daß seine Arme länger als der Körper sein müssen.

Du brauchst Schere, Bleistift, Seiden- oder Pergamentpapier zum Durchpausen, Pappe, zwei Holzleisten, Bindfaden, eine Briefklammer, Klebstoff, einen Trinkhalm, Farben oder Filzstifte zum Bemalen.

So schaukelt der Affe

Du hältst in jeder Hand eine Holzleiste. Wenn du die oberen Enden der Leisten voneinander entfernst, dann schwingt sich der Affe nach oben. Ist er ganz oben, näherst du die Leisten einander an, dann schwingt er nach vorn. Wiederholst du die Prozedur, schwingt der Affe wieder zurück

2 Die Beine mit einer Briefklammer am Körper befestigen. Schlitze in ein Stück Trinkhalm schneiden und ihn an einem Arm festkleben

3 Das Trinkhalmstück durch das Loch im Körper schieben, dabei aufpassen, daß sich der Arm frei bewegen kann

1 Die Umrisse auf Pappe übertragen, ausschneiden und bemalen. In Körper, Beine, Hände und Arme Löcher schneiden wie abgebildet

4 Den Trinkhalm auch am anderen Ende einschneiden und den anderen Arm daranKleben. Einen Bindfaden durch die Arme fädeln. Einen zweiten Faden durch die Hände und ein dazwischen gelegtes zweites Trinkhalmstück fädeln

5 Die Bindfäden an den beiden Holzleisten befestigen. Die Fäden müssen sich wie abgebildet überkreuzen

Theater in der Schachtel

Es macht genauso viel Spaß, ein Theater aus Pappkarton zu basteln, wie damit zu spielen. Wenn du verschiedene Bühnenbilder und Figuren bastelst, kannst du eine Vielzahl von Spielen aufführen. Es eignen sich Märchen (zum Beispiel Schneewittchen und die sieben Zwerge oder – wie hier – die Geschichte von Goldlöckchen und den drei Bären), griechische Sagen, Fabeln, eine Kombination verschiedener Geschichten oder selbst erfundene Stücke.

Du brauchst dünnen, weißen Pappkarton, guten Klebstoff oder Klebefilm und bunte Farb- oder Filzstifte zum Bemalen.
Wenn du keinen weißen Pappkarton hast, kannst du auch eine Schachtel verwenden, die du entsprechend ausschneidest.

Die Vorstellung
Zuerst denkst du dir eine Geschichte aus und überlegst dann, in welcher Reihenfolge die Figuren auftreten sollen. Vielleicht hilft dir ein Freund bei der Vorstellung. Dann kann jeder mit zwei Figuren spielen, wodurch auf der Bühne viel mehr Bewegung entsteht

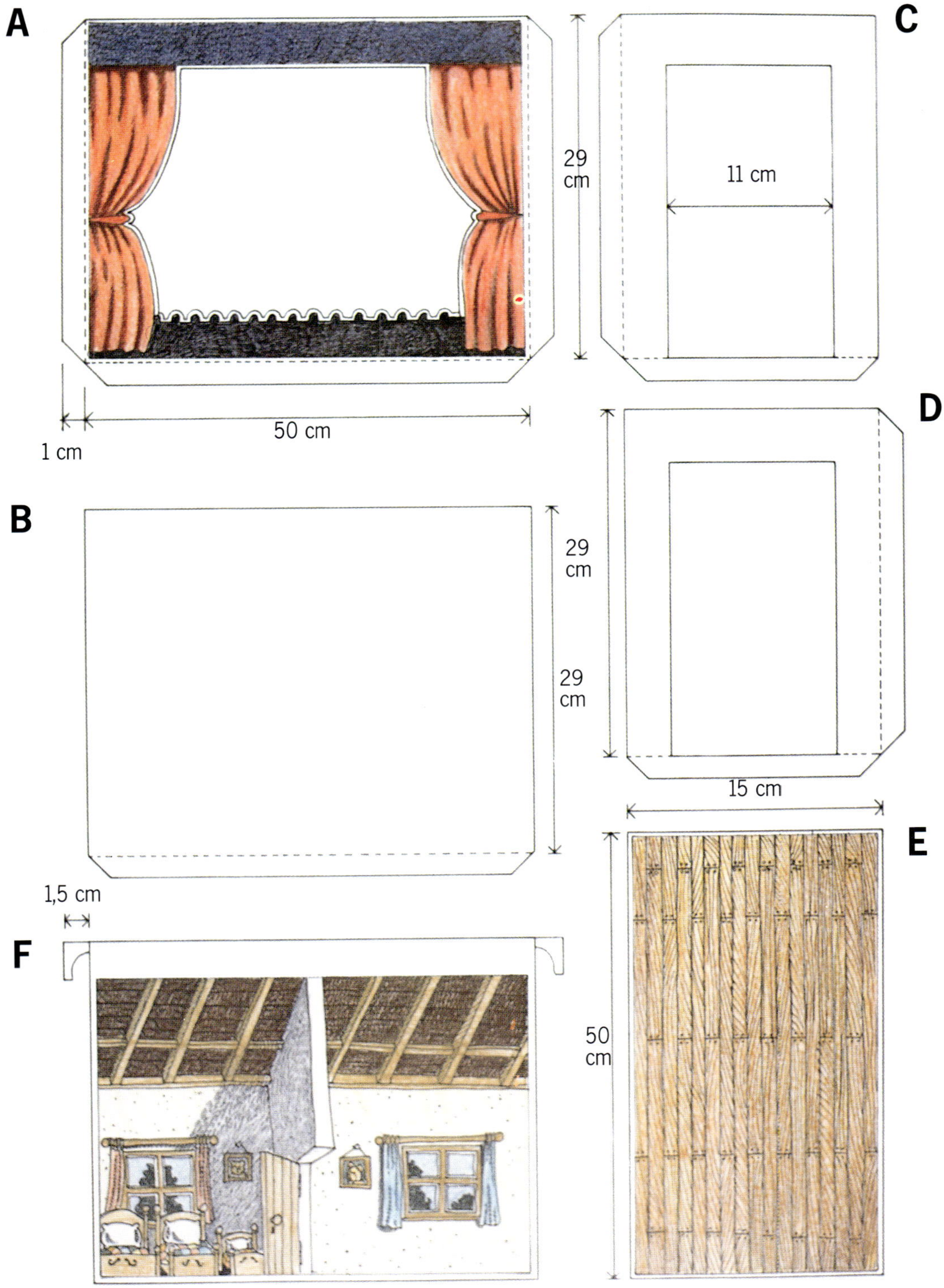

Die Vorderseite **(A)**, Rückwand **(B)**, Seitenteile **(C, D)**, den Boden **(E)** und schließlich die Kulisse **(F)** ausschneiden.

Dann die Bühnenöffnung der Vorderseite und die Öffnungen der Seitenteile ausschneiden und alles bemalen

Theater in der Schachtel

1 Die gestrichelten Linien falzen, dadurch entstehen die Klebeflächen. Das Theater lose zusammenfügen, um sicherzugehen, daß jedes Teil paßt

1

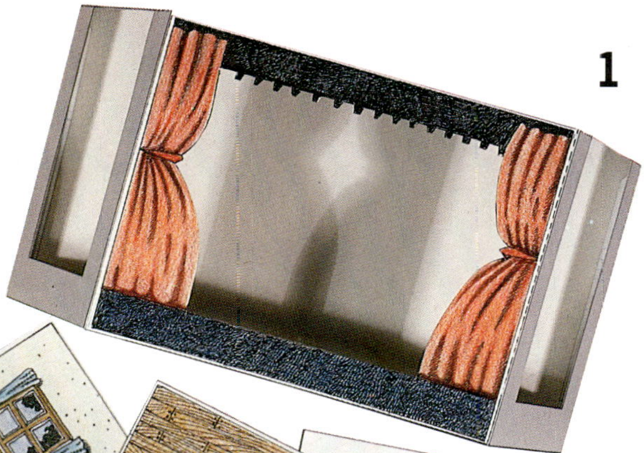

2

2 Den Boden des Theaters mit Klebstoff oder Klebefilm an den Seiten festkleben

3

3 Die Vorderseite an den Seitenteilen und am Boden befestigen

4

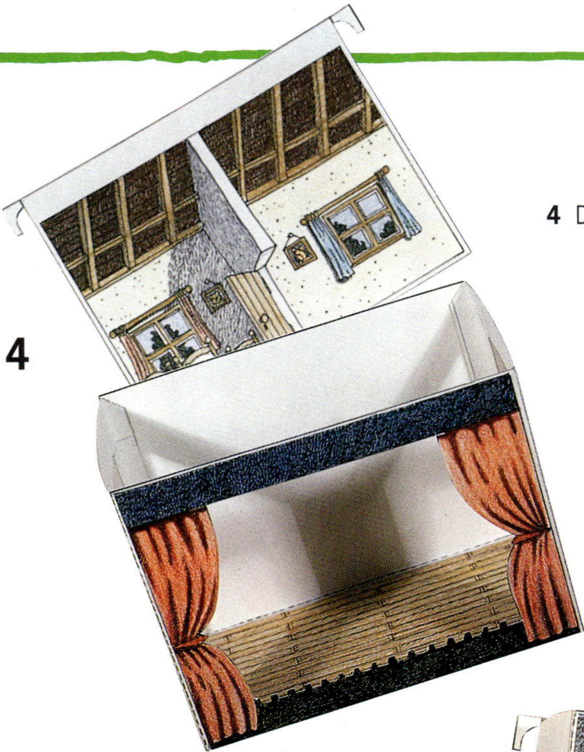

4 Die Rückwand ankleben

5 Die Kulisse wie abgebildet nahe an der Rückwand einhängen

5

6 Die Figuren zeichnen und ausschneiden. Male sie bunt an, damit die Zuschauer sie gut sehen können. Die Figuren an langen Pappstreifen festkleben. Die Requisiten – Gegenstände, die sich auf der Bühne befinden – zeichnen, bemalen und ausschneiden, dabei am unteren Ende genügend Pappe für einen Falz überstehen lassen. Den Falz umbiegen, damit die Requisiten von alleine stehen

6

Klappmaulfiguren

Klappmaulfiguren sind nicht schwer herzustellen und werden einfach und wirkungsvoll „zum Leben erweckt". Sie können sich bewegen, können alle möglichen Gefühle ausdrücken, und natürlich kannst du sie auch sprechen lassen!

Du brauchst alte Socken, Wolle, Bindfaden, etwas Knetmasse, Klebstoff, Klebeetiketten, Tischtennisbälle oder Kugeln aus gepreßter Watte, Filz, Pappe, eine Schere und Stifte zum Bemalen.

Sebastian Schlange

So geht's:

Stecke eine Hand in die Figur, wobei sich der Daumen unter dem Mund und die übrigen Finger darüber befinden müssen. Durch eine Bewegung des Handgelenks bringst du die Figur zum Nicken. Während du sprichst, öffnest und schließt du ihren Mund durch Finger- und Daumenbewegungen. Die Figur schneidet lustige Grimassen, wenn du deine Hand hin und her drehst

Peter Pudel

Dieser witzige Hund trägt ein gelbes Stirnband aus Filz, damit ihm sein schwarzes Wollhaar nicht in die Stirn fällt

Isidor Igel

Dieses stachelige Wesen hat gelbes Wollhaar, eine rote Filzzunge und Augen aus Klebeetiketten

Konrad Katzenfisch

Konrad schwimmt mit seinem Körper aus blauen Wollsocken, schwarzem Filzhaar und blauen Filzflossen auf der Bühne umher

So macht man Sebastian Schlange

Für Sebastians schlangenförmigen Körper brauchst du eine grüne Socke, grüne Wolle für sein Haar, Bindfaden, zwei Tischtennisbälle oder Kugeln aus gepreßter Watte und blaue Knetmasse für die Augen, roten Filz für die Zunge, Pappe, Filzstifte und guten Klebstoff

1 Schneide ein paar gleichlange Wollfäden zurecht und binde sie an einem Ende mit Bindfaden zusammen. In die Sockenspitze schneidest du ein Loch

1

2

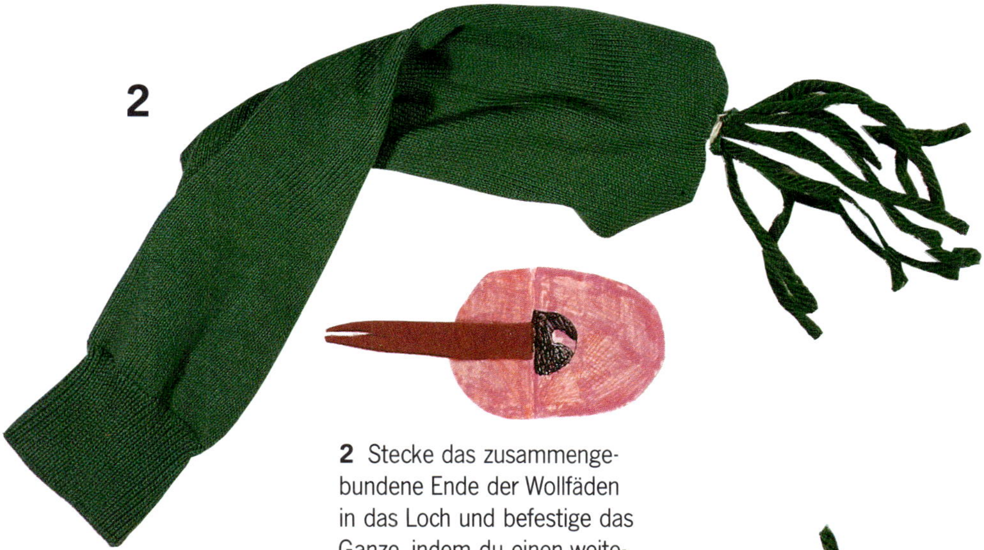

2 Stecke das zusammengebundene Ende der Wollfäden in das Loch und befestige das Ganze, indem du einen weiteren Bindfaden fest um „Haare“ und Sockenspitze wickelst. Aus Pappe schneidest du einen Mund aus und klebst eine Filzzunge daran fest

3 Klebe den Mund etwas unterhalb der Sockenspitze auf die Socke

3

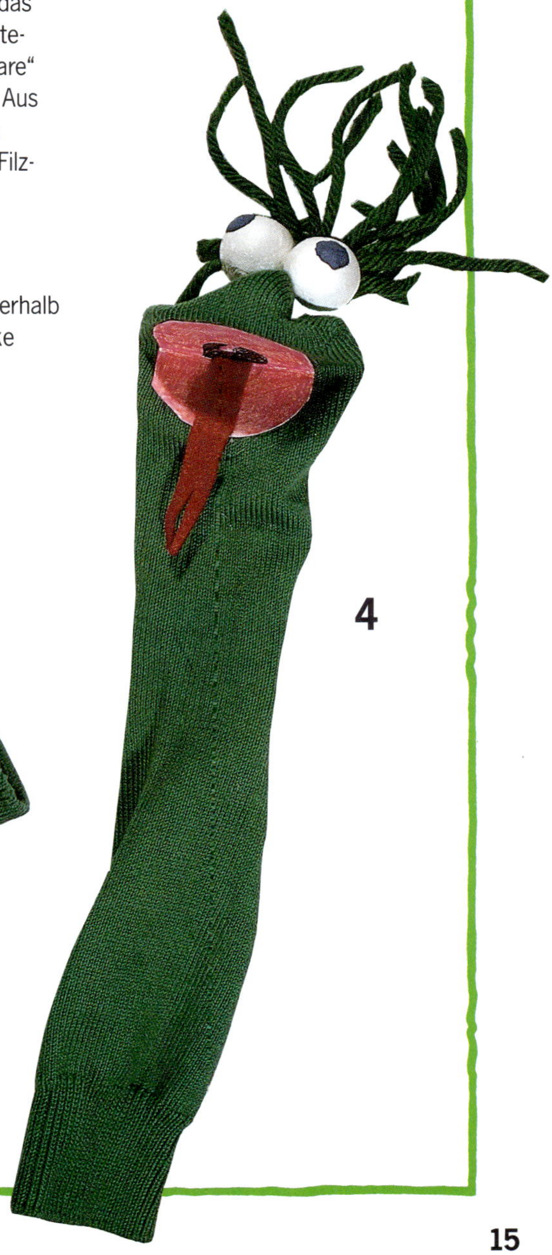

4

4 Drücke kleine Knetklümpchen auf die Tischtennisbälle oder Wattekugeln und klebe die so entstandenen Augen unterhalb des Haarschopfes an die Socke

Handpuppen

Die Handpuppen sind wie die Klappmaulfiguren sehr einfach zu basteln und geben auch ausgezeichnete Darsteller in einem Puppentheater ab. Sie haben keinen beweglichen Mund wie die Klappmaulfiguren, können dafür aber Gegenstände tragen und mit Hilfe ihrer Hände und Arme verschiedene Stimmungen ausdrücken. Du brauchst für diese Puppen Handschuhe, die du aber nicht zerschneiden mußt, da du für den Kopf und Körper eine alte Socke nimmst.

Du brauchst Handschuhe, alte Socken, Kugeln aus gepreßter Watte, farbigen Filz, Bindfaden, Papier, Klebstoff, Klebeetiketten und Filzstifte.

So geht's:

Den Handschuh anziehen, dann die Hand in die Socke stecken. Den Zeigefinger in den Kopf stecken, Mittelfinger und Daumen bilden dabei die Arme. Die Puppe kann nun ihren Körper drehen, sich verbeugen, klatschen und Gegenstände halten

Patricia Panda

Carl der Clown

Dieser lustige Zirkusclown liebt leuchtende Farben: Sein Körper ist blau, das Haar grün und die Mütze gelb. Seine große rote Nase besteht aus einer Wattekugel

Fred Finsterling

Dieser finstere Geselle sieht böse und launisch aus. Sein wildes schwarzes Wollhaar wird mit Haarspray zum Stehen gebracht

Barbara Blondhaar

Augen, Mund und Bäckchen der blonden Barbara bestehen aus Klebeetiketten, die ihrem Gesicht einen erstaunten Ausdruck verleihen

So macht man Barbara Blondhaar

Für Barbaras Körper und Arme brauchst du eine rote Socke und einen rosa Handschuh, gelbe Wolle für das Haar, Bindfaden, Papier, etwas schwarze und grüne Wolle, Klebeetiketten und Filzstifte

1

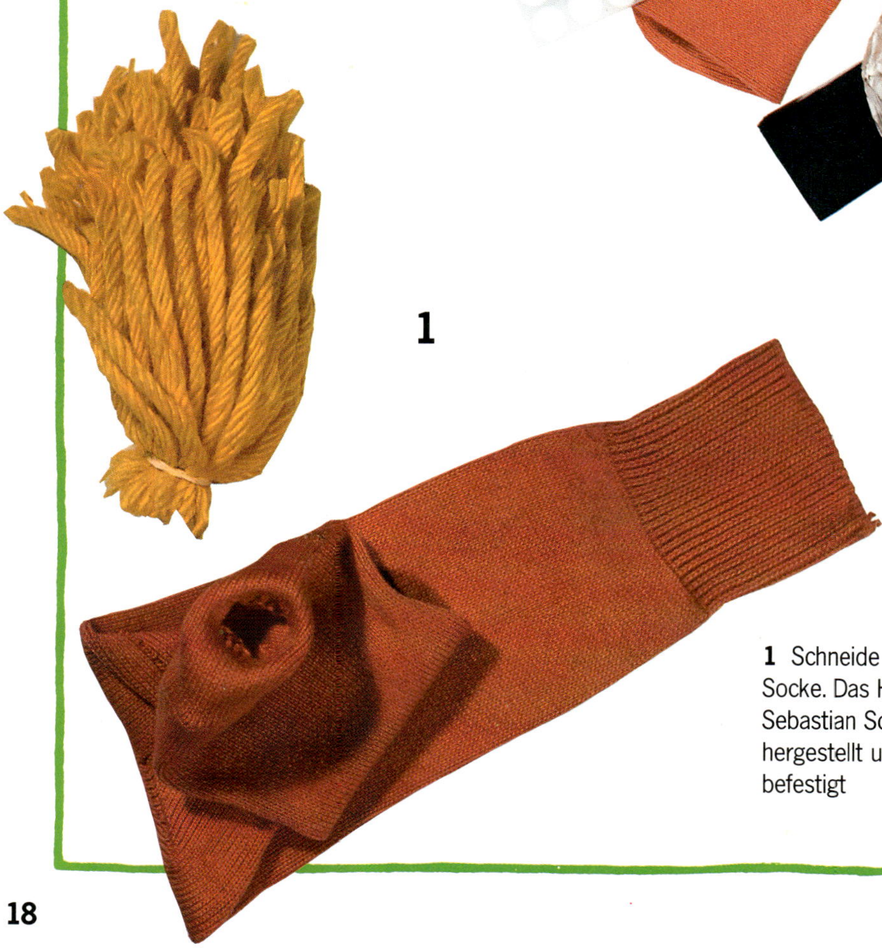

1 Schneide ein Loch in die Socke. Das Haar wird wie bei Sebastian Schlange (Seite 14) hergestellt und an der Socke befestigt

2

2 Forme aus einem Stück Papier eine Kugel, und lasse dabei ein Loch für den Finger. Stecke die Kugel in die Socke und binde den „Hals“ leicht mit grüner Wolle ab

3

3 Male die Augen, Bäckchen und den Mund auf Klebeetiketten, schneide die Wimpern aus dünner schwarzer Wolle zu, und klebe die Etiketten auf das Gesicht, wobei du die Wimpern mit den Augen befestigst

4 Schneide für die Arme seitlich zwei Löcher in die Socke. Du kannst sie dann mit Filzstreifen einfassen

4

5

5 Nun schneidest du das Haar zurecht, ziehst den Handschuh an, und Barbara ist einsatzbereit!

Stockpuppen

Diese lustigen Musikanten und ihr Dirigent sind alle Stockpuppen. Bei dieser Puppenart kannst du mit ganz einfachen Mitteln arbeiten oder sie etwas aufwendiger gestalten. Jede unserer Figuren hat zwei Holzleisten, eine davon bewegt einen Arm, die andere stützt den Körper. Stockpuppen können auch mehr bewegliche Teile haben, dann brauchst du für die Vorführung aber einen oder zwei Helfer.

Du brauchst zwei dünne Holzleisten pro Puppe (auch Pflanzenstäbe und lange Bleistifte sind denkbar), farbigen Filz, Reißzwecken, Wolle, Tischtennisbälle oder Kugeln aus gepreßter Watte, Knetmasse, Pappe und Filzstifte.

So geht's:

Diese Puppen sind ganz einfach zu handhaben. Mit einer Hand hältst du die Leiste, die den Körper stützt, mit der anderen bewegst du die zweite Leiste, so daß die Puppe ihren Arm bewegt

Der bienengeplagte Dirigent

Unser Dirigent versucht, mit seinem Stock eine lästige Biene fortzuscheuchen. Das bringt seine Musikanten völlig durcheinander!

Charlotte, die Cellistin
Charlotte spielt Cello, indem sie den Bogen in ihrer linken Hand bewegt

Gerd, der Gitarrist
Gerd spielt Gitarre, indem er mit der rechten Hand die Saiten zupft

Tina, die Trommlerin
Tina trommelt, indem ihre Filzarme auf- und abschwingen

So macht man den Dirigenten

Für den Dirigenten brauchst du einen langen, spitzen Stift oder Balsaholzstab als Stütze für den Körper, ein dünneres Stäbchen, einen Tischtennisball oder eine Kugel aus gepreßter Watte für den Kopf, Wolle fürs Haar, eine rote Knetkugel für die Nase, blauen, hautfarbenen und weißen Filz, eine Reißzwecke, weiße Pappe und einen Stift

1

1 Klebe die Knetmasse an den Kopf, und male Schnurrbart, Augen und Mund auf. Dann klebst du etwas Wollhaar an und steckst den spitzen Stab in den Kopf

2 Schneide aus Filz das Jackett **(A)** und aus weißer Pappe die Hemdfront **(B)** zu. Schneide zwei Filzstücke **(C)** zurecht, und rolle sie zu den Hosenbeinen **(D)** zusammen

2

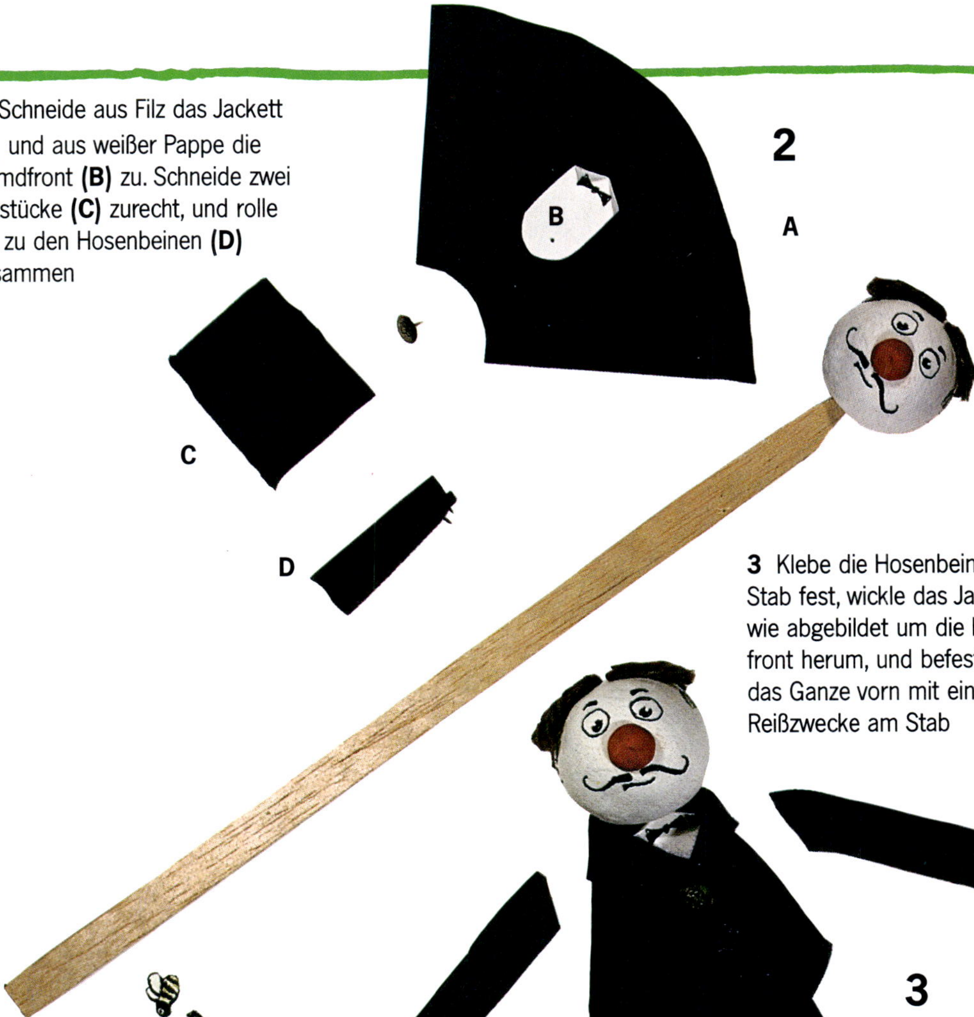

3 Klebe die Hosenbeine am Stab fest, wickle das Jackett wie abgebildet um die Hemdfront herum, und befestige das Ganze vorn mit einer Reißzwecke am Stab

3

4 Schneide die Arme aus blauem, die Manschetten aus weißem und die Hände aus hautfarbenem Filz zurecht und klebe sie am Körper fest. Klebe den zweiten Stab und den Dirigentenstock mit der Biene obendrauf an einer Hand fest

4

Marionetten

Marionetten sind Fadenpuppen, die mit einem Spielkreuz von oben bewegt werden. Wie viele andere Puppenarten werden Marionetten seit Hunderten von Jahren in der ganzen Welt dazu verwendet, ein Publikum zu unterhalten. Hier findest du ein paar einfache Beispiele zum Nachmachen, die als Ergänzung für dein Puppentheater gedacht sind.

Du brauchst Holzleisten oder Balsaholzstäbe, Bindfaden, Tischtennisbälle oder Kugeln aus gepreßter Watte, farbigen Filz, guten Klebstoff, Knetmasse, Pappe und Stifte zum Bemalen.

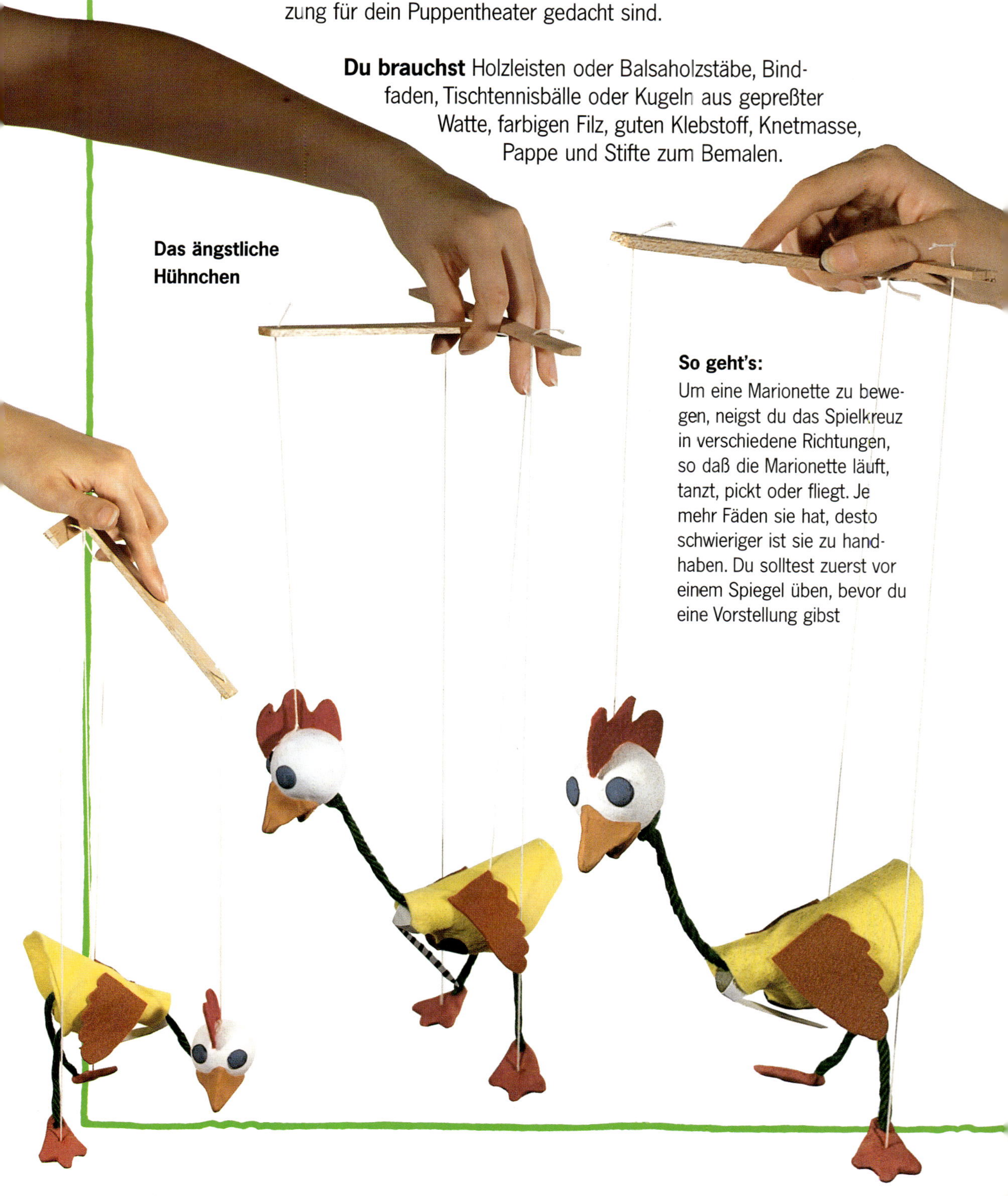

Das ängstliche Hühnchen

So geht's:

Um eine Marionette zu bewegen, neigst du das Spielkreuz in verschiedene Richtungen, so daß die Marionette läuft, tanzt, pickt oder fliegt. Je mehr Fäden sie hat, desto schwieriger ist sie zu handhaben. Du solltest zuerst vor einem Spiegel üben, bevor du eine Vorstellung gibst

Die zufriedene Kuh

Die Fäden sind bei der Kuh anders am Spielkreuz befestigt als bei den übrigen Tieren. Die Kuh kann deshalb alle vier Beine bewegen

Die fliegende Ente

Die Ente ist ganz einfach zu basteln. Sie besteht nur aus drei Teilen: dem Körper und den Flügeln. Am unteren Körperende wird ein Knetklumpen angeklebt, der der Ente eine bessere Balance verleiht. Ein Faden wird am Körper befestigt, zwei andere an den Flügeln. Wenn du das Spielkreuz nach oben und unten bewegst, schlägt die Ente mit den Flügeln

So macht man das Hühnchen

Für das ängstliche Hühnchen brauchst du farbigen Filz, Wolle, zwei Holzleisten, zwei Tischtennisbälle oder Kugeln aus gepreßter Watte, Knetmasse, Bindfaden, eine Papierklammer, Klebstoff, Pappe und Stifte zum Bemalen

1

1 Füße, Schnabel und Augen formst du aus Knetmasse, Hals und Beine sind dicke Wollfäden, den Kamm schneidest du aus Filz zu. Dann setzt du alles wie abgebildet zusammen

2

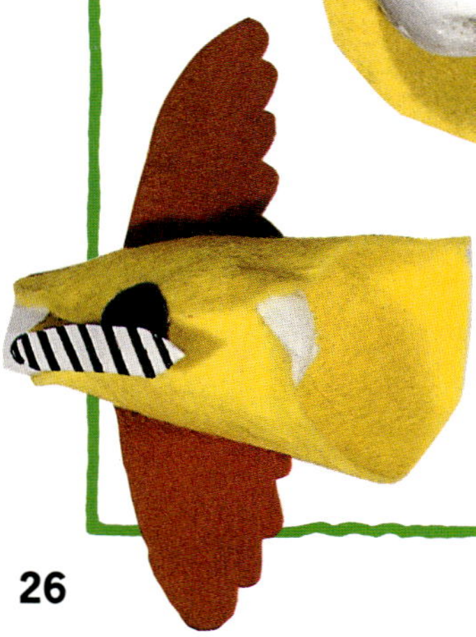

2 Für den Körper wickelst du ein Stück gelben Filz um den anderen Ball. Klebe Filzflügel, einen Pappkragen und eine Krawatte daran

3

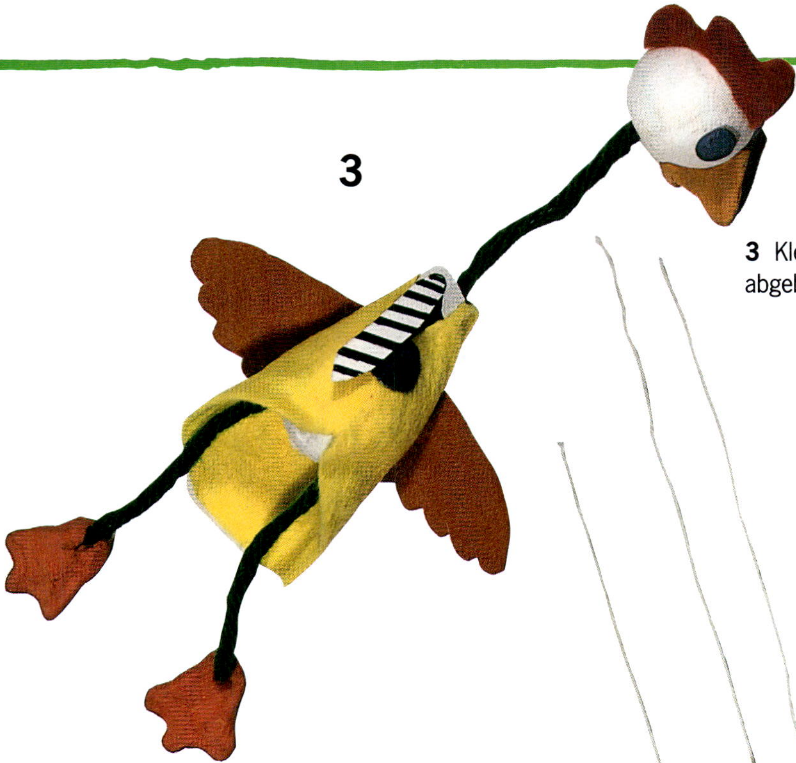

3 Klebe alle Teile wie abgebildet zusammen

4

4 Bastle das Spielkreuz, indem du je ein Loch in die Leisten bohrst und sie mit der Papierklammer verbindest. Befestige Bindfäden an Körper, Kopf und Beinen

5

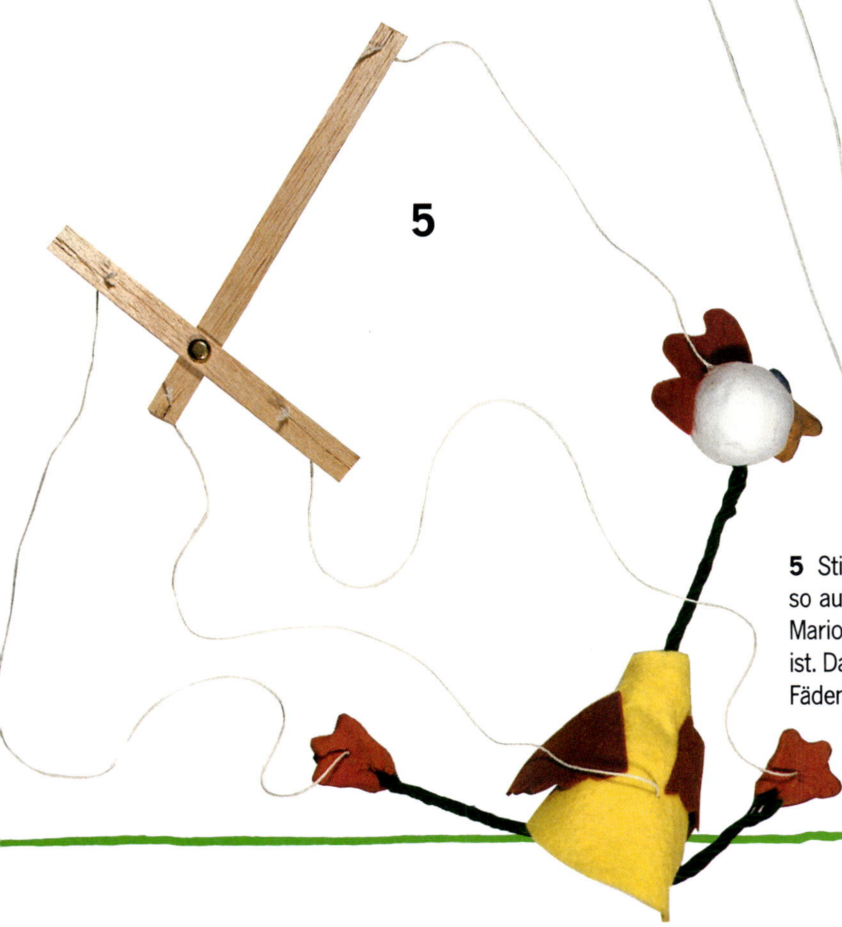

5 Stimme die Fadenlängen so aufeinander ab, daß die Marionette im Gleichgewicht ist. Dann befestigst du die Fäden am Spielkreuz

Ein Puppentheater entsteht

Wenn du einige Figuren gebastelt hast, ist es an der Zeit, sie zum Leben zu erwecken. Du brauchst natürlich kein spezielles Theater, um sie auf der Bühne auftreten zu lassen. Du kannst dich einfach hinter einem Sofa verstecken und die Handpuppe, Klappmaulfigur oder Stockpuppe hochhalten. Ein ganz einfaches Theater kann auch mit Küchenstühlen gebaut werden. Du mußt nur ein altes Tischtuch über die Stühle legen, damit die Zuschauer den Puppenspieler nicht sehen können.

Möchtest du aber ein etwas dauerhafteres Theater, kannst du das hier vorgestellte Beispiel leicht nacharbeiten. Da das Theater zusammengelegt werden kann, braucht es wenig Platz, und du kannst es überallhin mitnehmen.

Für unser Theater haben wir große Filzstücke verwendet. Andere Materialien eignen sich ebenso gut – ein altes Tischtuch oder Laken, das du auch selbst einfärben kannst, tun's auch. Außerdem brauchst du zwei Rundholzstäbe, die so lang sind, wie das Theater breit ist, Wolle für die Fransen, Bindfaden, Klebstoff und Pappe

1 Wollfransen
2 Filzfransen
3 Sich farblich abhebende Vorhänge
4 Bindfaden zum Aufhängen des Theaters
5 Rundholzstab zur Stabilisierung des Theaters
6 Pappstreifen zur Verstärkung

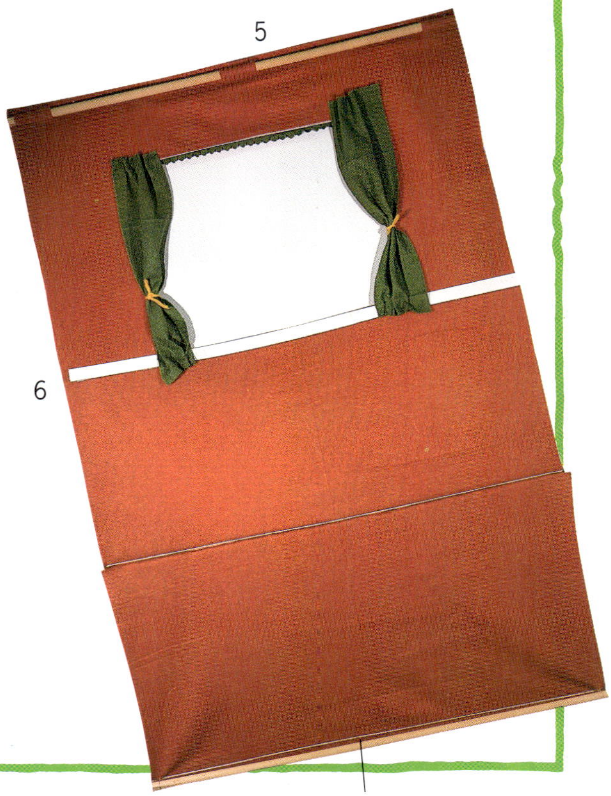

Die Vorstellung

Nun geht es an die Zusammenstellung der Szenen. Zuerst denkst du dir eine Handlung aus und entscheidest, welche Figuren und wie viele Helfer du dafür brauchst. Den Handlungsablauf schreibst du dir am besten auf, auch die Abfolge der Szenen und was in ihnen passiert, damit du weißt, in welcher Reihenfolge die Figuren auftreten und wer was tut. Vergiß nicht: Theaterfiguren möchten etwas zu tun haben, deshalb solltest du jeder einen bestimmten Charakter geben und alle in Bewegung halten!

Dies ist der Handlungsablauf einer Art Kasperltheatervorstellung, bei der einige der Figuren aus unserem Buch verwendet werden. Wenn du dir eine eigene Vorstellung ausdenkst, schreibst du dir zuerst den Handlungsablauf auf und befestigst ihn dann an der Rückseite des Theaters. Vergewissere dich vor Vorstellungsbeginn, daß alle Figuren und Requisiten griffbereit liegen

Handlungsablauf

Szene 1 (Kassettenrecorder benutzen) Musik ist zu hören. Plötzlich beginnen die Musikanten, völlig falsch zu spielen (nimm das Gequietsche vorher auf Kassette auf), da der Dirigent mit seinem Stock nach der Biene schlägt

Szene 2 Isidor Igel tritt auf und verkündet, daß ein geheimnisvoller Gast erwartet werde, er aber nicht wisse, wo er sei. Er bittet die Zuschauer zu rufen, wenn sie jemanden sehen können. Carl, der Clown, erscheint hinter ihm und treibt Unfug

Szene 3 Isidor dreht sich um, aber der Clown ist verschwunden. Wiederhole dies mehrere Male

Szene 4 Patricia Panda versucht Isidor klarzumachen, daß der Clown angekommen ist. Da sie nicht sprechen kann, versteht er sie aber nicht

Szene 5 Patricia wird ärgerlich, weil Isidor immer in die falsche Richtung schaut

Szene 6 Isidor dreht sich schließlich in die richtige Richtung und sieht den Clown!

Die Musikanten brechen ohne ihren Dirigenten ihr Spiel quietschend ab

„Heute haben wir einen geheimnisvollen Gast … Aber wo ist er?“

„Bitte sagt mir Bescheid, wenn ihr den geheimnisvollen Gast irgendwo seht!“

„Was möchtest du mir sagen? Wer ist da? Ich sehe niemanden.“

Patricia wird immer ärgerlicher, da Isidor den Clown nicht sieht

„Also hier bist du! Warum hat mir das niemand gesagt?“

Schablonenvorlagen

Die Umrisse vom tanzenden Kavalier und schaukelnden Affen auf Pappe übertragen und ausschneiden.

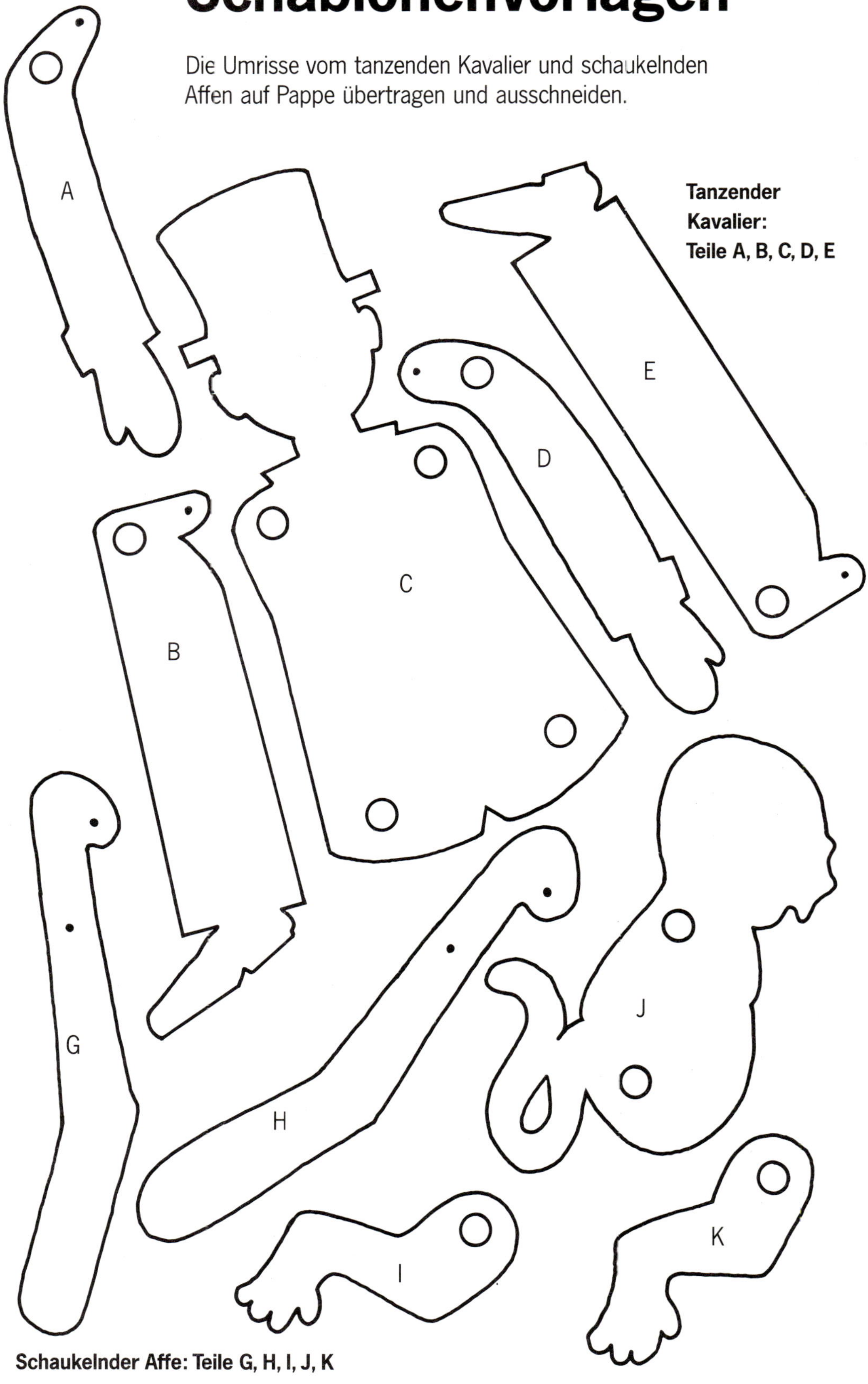

Tanzender Kavalier: Teile A, B, C, D, E

Schaukelnder Affe: Teile G, H, I, J, K

PRINTED IN BELGIUM BY proost INTERNATIONAL BOOK PRODUCTION